कुछ अल्फ़ाज़ मेरी किताबों से

हर्ष भारद्वाज

notionpress
.com

INDIA · SINGAPORE · MALAYSIA

1

अपना "फर्ज" वहाँ रखा छोड़ आया...!!

उसे "फूल" पसन्द था

मैं एक दिन

गुलदस्ता वहाँ छोड़ आया।

उसे "जाम" पसन्द था

मैं एक दिन

मयखाना वहाँ छोड़ लाया।

उसे "कोई और" पसन्द था

मैं फिर भी

अपना "फर्ज" वहाँ रखा छोड़ आया।।

2

इश्क़ समझने चला था...!!

चार किताबें, मैं इश्क़ की पढ़...
मैं इश्क़ समझने चला था।
नासमझ, नादान, या बदकिस्मत कहूँ...
मैं एक तुझ पर मरने चला था।।

३

कि आख़िर अब एसा क्या लिखा जाए...!!

कल रात बस यहीं सोचते-सोचते गुजर गयी,

की अब और क्या लिखा जाए?

आखिर अब एसा क्या लिखा जाए की,

हर रात, मेरी अब करवटे बदलते-बदलते ना गुजरे।

आखिर अब एसा क्या लिखा जाए की,

हर उस गली के मौड़ पर, मैं तुझे ना अब ढुढ़ पाऊ।

आखिर अब एसा क्या लिखा जाए की,

इन बन्द चार दिवारों में, मैं अब रोशनी खोज पाऊ।

कि आख़िर अब एसा क्या लिखा जाए,

कि मैं फिर से, खुशियों के रास्तो पर दौड़ पड़ूं।

और फिर जब सुबह हुई, तो पता चला की,

ख्वाब वाकई काफ़ी अच्छा था, पर खेर।।

4

बड़े अरसो बाद...!!

बड़े अरसो बाद, तेरी पायल की खनखन...
कानो में गुजँने लगी है।

बड़े अरसो बाद, तेरे कदमो की आहट...
मेरे दर पर छाने लगी हैं।

बड़े अरसो बाद, तेरी खिलखिलाहट...
मुझे भाने लगी है।

बड़े अरसो बाद, मेरी ये नज़्में...
तुझे चुमने लगी है।

बड़े अरसो बाद, मैं फिर से...
खुद को खोने लगा हूँ॥

5

तू गर है कहीं, तो पहचान लेना जरा...!!

चल आज कुछ, तुम्हारे बारे में लिखता हूँ

ये मदहोशी, ये महकशी

ये फितूर, ये जुस्तजू

चल आज सब मैं ये, तेरे नाम करता हूँ।

तू गर है कहीं, तो पहचान लेना जरा

ये सिद्दत, ये नवाजिशें मेरी

चल आज हर लम्हात, मैं तेरे नाम करता हूँ।

तुही शब और तू ही हर शाम मेरी

मेरी क़लम का हर हर्फ और हर वस्ल

चल आज सब, मैं तेरे कुर्बान करता हूँ॥

जा, किसी शायर के मदिने में मशगुल होजा...!!

जा...! अब तू कहीं जाकर फनां होजा।

इन रास्तो से, सूखें पड़े इन अल्फाजो से...

जा...! अब इन बदलती फिजाओं में कहीं गुमसुदा होजा।

तेरी यादों से... अब हर पल दर्द की अजीब बू आती है

जा...! किसी शराब की तरह... किसी शायर के मदिने में मशगुल होजा।।

7

एक शाम कहीं खो गया, और पता भी ना चला...!!
तूम ठहर कर और फिर चले भी गए
पता तक ना चला।
कल शाम तक तो यहीं था वो, तेरा आशिक

8

चल आज फिर... दो पल ही सही... कुछ गुप्तगु की शाजिशें करते है...!!

चल आज फिर, उन यादों की नुमाईशें करते है

तेरे संग बिताए, उन लम्हों की फरमाइशें करते है।

जो बीत गया सो बीत गया... अब गम-ए-सबब में क्या रखा है

चल आज फिर, मुकर्रर-ए-आफताब की तरफ़ नवाजिशें करते है।।

९

बस तेरा यूँ मुँह मोड़ जाना...!!

जब भी कोई पुछता है... इस खामोशी का सबब मुझसे

एक तेरा यूँ चले जाना... बस याद आता है मुझे।

जब भी कोई पुछता है... इस चाहत का अफसाना मुझसे

एक तेरा यूँ छोड़ जाना... बस याद आता है मुझे।

खेर मैं तो फिर भी... इन होठों से कुछ नहीं कहता

पर इस दिल को तेरा यूँ तोड़ जाना... याद आता है मुझे।।

10

चल आज फ़ोन पर नहीं... किसी नुक्कड़ पर मुलाकात करते है...!!

चल आज सुकून से बैठ कर, दो बातें करते है...

घड़ी-दर-घड़ी चल रही, ज़िन्दगी की उन मुसीबतों से...

चल आज दो-दो हाथ करते है।

घर तेरा, बातें मेरी, थाली तेरी और रोटी मेरी...

चल आज गले में हाथ डाले...

गली-दर-गली तहकीकात करते है।

किसी की गाली, तो कीसी की ड़ाट...

चल आज फ़ोन पर नहीं... किसी नुक्कड़ पर मुलाकात करते है।

पुराने गिले-शिकवे सब भूलकर...

चल फिर आज, एक नई शुरुआत करते है॥

11

हालाँकि… अब ये वक़्त नहीं गुजरता…!!

हर-तरफ…

किताबों की जिल्दे, तो कुछ कागजों का शोर है…

मोबाईल के पैगामात, तो कुछ इन पंखो का शोर है…

दहलीज पर बैठ कर कभी-कभी

कुछ पुराने रिश्तों का, मैं हिसाब भी कर लेता हूँ।

पर फिर भी… अब ये वक़्त नहीं गुजरता।।

12

तकरीबन...!!

आधी रात का वक़्त है

और ये शोर है कि बड़ता ही चला जा रहा है।

सैकण्ड-दर-सैकण्ड...

बस...!

बड़ता ही चला जा रहा है।

समझ नहीं आता... ये शोर

मेरी डायरी में लिखे

उन चन्द पन्नो का है या?

उनमें दबी पड़ी...

एक आवाज़ का?

13

मैनें...!!

चाय पीना बंद कर दी है

गीली टॉवल तक, फेंकना बंद कर दी है।

कपड़े भी ठिक से पेहन लेता हूँ

जूतों के लेस भी, अब तो ठिक से बाँध लेता हूँ।

बाल भी अब तो छोटे है, कॉलर भी अब तो जचते है

बाइक भी हैं, जो की अब साफ़ रहती है

थोड़ी दाड़ी भी है, जो की अब एक स्टाइल लगती है।

सब है अब तो सब-कुछ

बस ये गली है कि...

अब तो तुम्हारा ही दीदार करती है।।

14

\# बड़ी अजीब कशमकश में है, ये मेरी ज़िन्दगी भी...!!

बड़ी मुश्किलो से

शहर की आँधी उसे

मेरे आँगन तक खिचं कर लाई थी।

और कम्बखत बस दो पल में ही

वक्त ने मुझे

मेरे ही घर से बेदखल कर दिया।।

15

\# बस यही तो फ़र्क़ रहा है, तुझमे और मुझमें...!!
कभी-कभी ये सोचता हूँ कि
तुम्हारा प्यार मेरे लिए,
बिल्कुल वैसा ही रहा होगा जैसे कि
एक चाय के कप का वह आखिरी घूँट
जिस की क़िस्मत में है,
मेज के किनारे पड़े-पड़े सिर्फ़ ठंड़ा होना।।

पुरानी तस्वीरे...!!

कुछ पुरानी तस्वीरे...

कभी-कभी,

उन गुम चोट की तरह होती है।

जिसे, छुपाना तो बड़ा आसान होता है...

पर, मिटाना नहीं॥

17

\# अब तो इनकी भी रातें नहीं गुजरती ...!!

अब तो खेर आदत-सी है,

इन आहटों को भी...

मेरा दरवाज़ा खटखटाने की।

बिना मुझे परेशान किये...

अब तो इनकी भी रातें नहीं गुजरती।।

18

नहीं तो खामखा...!!

अगर...!

लगाव कम ही रहे,

तो हीं बेहतर है...

नहीं तो खामखा,

गलतफमियों की चासनी...

बहने लगती है॥

19

अब और करवटो से मैं...!!

खुद को मैं अब...
ढूँढना नहीं चाहता।
जो मैं पेहले था...
वो अब होना नहीं चाहता।
बहुत लिख ली...
तर्जुबे से कविताएँ सारी।
अब और करवटो से मैं...
लड़ना नहीं चाहता।।

20

वो...!!

हर-रोज, मेरे ख्वाबों में झाककर कहती है "मैं हूँ"

हर-रात, करवटो में लिपटकर कहती है "मैं हूँ"

हर-पल, दिल को धड़काकर कहती है "मैं हूँ"

"हम" आशिक है ये सब कहते है,

आज सरेंआम मैं भी कहता हूँ "हाँ मैं हूँ"॥

21

\# फिर से मैं...खामोश हो गया...!!
इजहार...!
तो मैं कर देता पर,
तेरे होठों पर छुपा...
किसी और का नाम जानकर,
कमबख़्त आज फिर से मैं...
खामोश हो गया॥

22

ये कुछ पुराने रास्ते है...!!

नये शहर में तो मैं गालिब...

खूब चला आया।

पर कम्बखत!

ये कुछ पुराने रास्ते है...

जो कि,

अब भी मुझसे छुटते नहीं।।

23

पुराने ज़ख़्म ही कुछ, ऐसे है जो...!!

अब अगर...

इश्क हुआ।

तो जरा...

सम्भलकर करूंगा।

पुराने ज़ख़्म ही कुछ,

ऐसे है जो...

आज तक सोने नहीं देते॥

24

स्याही कि तरह बिखर जाता हूँ...!!
पता नहीं क्यूं?
मै हर बार,
तुझे पन्नों में उतारकर...
फिर ख़ुद ही,
स्याही कि तरह बिखर जाता हूँ।।

25

एक नगमा अपनी ज़िन्दगी का...!!

कुछ धुंधली-सी यादों को मद्दे नज़र रखते हुए...

एक नगमा अपनी ज़िन्दगी का, हर रोज़ पेश करता हूँ।

अधूरी, बिखरी पड़ी इन शामों में...

तेरी गली का रूख कम्बखत मैं, अब भी रोज़ करता हूँ॥

26

किसी को... पता तक नहीं चलता...!!

कभी-कभी ये रातें

उन आँसूओ की तरह

लगने लगती है,

जो...

चुपके से बह जाती है और

किसी को...

पता तक नहीं चलता॥

27

दर्द का एहसास... ज़रूर रखता हूँ...!!

फिसल जाता हूँ मै,

आज भी जब...

तेरी यादों के कमरे में,

कदम रखता हूँ।

चोट का तो पता नहीं,

पर हाँ...

दर्द का एहसास,

जरुर रखता हूँ॥

28

एक मोहब्बत है...!!

चार पत्रें लिखकर भी,

किसी की खुबसूरती

बयाँ ना करपाना,

भी एक मोहब्बत है।

कभी बात...

आँखो पर ठहर जाती है,

तो कभी...

सिर्फ होठों पर॥

29

ना भूलने वाली, तेरी कुछ धुंधली सी यादें...!!

कभी-कभी

मुझे अच्छा लगता है—

मेरा ख़ामोश कमरा, एक चाय का कप,

सिगरेट के कुछ आधे-जले कश,

पुरानी डायरी, एक कलम

और

ना भूलने वाली, तेरी कुछ धुंधली सी यादें।।

30

बस यूहीं मैं उसे, देखता रहा...!!
कल काफ़ी देर तक,

रात...

बिखरी हुई थी कमरे मे।

बा-दस्तुर

खामोशी में लिपटी हुई...

मद्घम-मद्धम सांसे लिए।

सारी रात...

बस यूहीं मैं उसे,

देखता रहा... अलाव पर अलाव जलाता रहा॥

31

ये आज भी कम्बखत...!!

यूँ तो...

काफी पक्की है ये दिवारें, आज भी

मेरे घर की।

पर...

तेरी यादों की चुभन से,

ये आज भी कम्बखत...

बस थर-थरा जाती है॥

32

करवटों से भरी पड़ी....!!

सुलगती रातों के आगोश में...

आधी-जली ये चिट्ठियाँ,

समेट रहा हूँ... न जाने मैं किस लिए।

करवटों से भरी पड़ी...

टूटे भ्रम की ये सिसकियाँ,

चुन रहा हूँ... न जाने मैं किस लिए॥

33

आज फिर मैं...!!

एक लम्बी-सी आँह भरे,

आज फिर मैं...

नींद के इंतज़ार में कहीं खो गया।

ना वक़्त का तकाज़ा था,

और ना ही...

करवटों का कोई लिहाज,

आज फिर मैं...

कम्बखत

तेरी राह तकते-तकते फिर कहीं सो गया॥

34

मेरे हिस्से की कहानीं रह गई...!!

वो शाम तो गुजर गई,

मगर...

कुछ यादें रह गई।

तुझे देखते-देखते,

कम्बखत...

मेरे हिस्से की कहानीं रह गई॥

35

मैं सोता तो रहा, मगर...!!

दास्तां!

मेरी नींद की... कुछ ऐसी रही।

मै सोता तो रहा,

मगर...

करवटे बदल-बदल कर॥

36

बेशक...!!
तुझे पाकर वह शख़्स,
खुशनसीब ज़रूर होगा।
लेकिन...
तेरे होठों पर छिपी,
मुस्कुराहट की असली वजह...
आज भी सिर्फ,
मै ही जानता हूँ॥

37

सब कुछ कह भी देता हूँ और...!!
शुक्र गुजार हूँ... मैं उस खुदा का
जिसने मुझे, लिखने का हुनर दिया।
इसी बहानें, सब कुछ कह भी देता हूँ और
पता भी नहीं चलता।।

38

जब से घर छोड़ा है, कम्बखत...!!

अब थोड़ी,

पी लिया करता हूँ।

इन आँखो को,

बुध्दू बनाने के लिए।

जब से घर छोड़ा है,

कम्बखत...

इन्हें नींद ही नहीं आती॥

39

जब तुमसे मिलूंगा तो...!!

ज्यादा तो नहीं पर...
थोड़े अल्फाज,
आज भी बचा कर रखे हैं।
एक रोज...
जब तुमसे मिलूंगा तो,
जरूर बयाँ करूँगा॥

40

आख़िरकार...!!
जानता हूँ...
कि अधूरा हूँ।
पर फिर भी खुश हूँ की,
आख़िरकार...
प्यार तो उससे पूरा किया॥